L.n. 20203.
A.

ORAISON FVNEBRE

SVR LE TRESPAS DE MADAME M. CHARLOTTE DV GVE',

en son viuant Espouse de Monseigneur M. Messire NICOLAS DE VERDVN, Cheualier, Conseiller du Roy en ses Conseils d'Estat & Priué, P^{er} President au Parlement de Paris, & Chancelier de MONSEIGNEVR M. Frere Vnique de sa MAIESTE'.

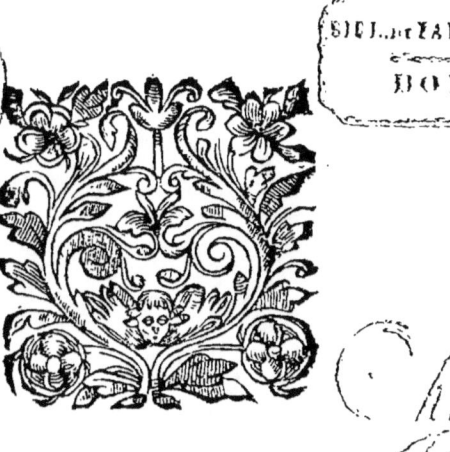

A PARIS,
Chez DENYS MOREAV, ruë sainct Iacques, à la Salemandre.

M. DC. XXII.

A MONSEIGNEVR
MONSEIGNEVR
MESSIRE NICOLAS
DE VERDVN CHEVALIER,
Conseiller du Roy en ses Conseils d'Estat & Priué, premier President au Parlement de Paris, & Chancelier de MONSEIGNEVR frere Vnique de sa MAIESTE.

ONSEIGNEVR,

Voicy des fleurs d'Amour cueillies dans la parterre de la Mort. Vostre Amour les a fait naistre; la Mort les a fait

A ij

croistre: Vostre Amour les a semées, la Mort les a cultiuées: vostre Amour les a fait germer, la Mort les a fait pulluler: vostre Amour les a rafraischies de ses souspirs, & arrosées de ses larmes: & la Mort les a coupées par le tranchant de ses armes: Et moy, pour ne laisser perir ces fleurs produites par Amour, & par mort, ie les ay diligemment cueillies pour vous en faire vn bouquet doux-flairant que ie vous offre, comme estant composé de fleurs qui sont vostres, puis qu'elles ornoient celle qui viuant estoit toute à vous comme vous estiez tout à elle: vous faisant voir alors soubs le lien du Sacrement de Mariage, vn beau modelle d'Amour coniugal: comme en vostre dignité Souueraine, vous demeurez vn vray exemplaire de Iustice. Toutesfois, les glaces de sa mort n'ont peu amortir les viues flammes de vostre sainct Amour: Car vous la faictes encore viure à present, luy faisant prendre en vostre cœur la moitié de sa vie, comme vous prenez en son tombeau la moitié de sa mort. Ceux qui verront cet ouurage n'y trouueront rien à redire, sinon qu'ils regretteront qu'vn esprit plus subtil & plus beau que le mien n'ayt entrepris de cueillir ces fleurs, & de les agencer & placer auec plus d'industrie, afin de faire plus viuement esclatter leur lustre naturel; de sorte que voulant loüer les morts, ie me mets en hazard d'estre blasmé des viuants: mais i'espere que la consideration qu'ils auront du respect & seruice que ie vous doy, & à la memoire de ma defuncte Dame vostre Espouse, parera les coups d'vn tel blasme. Que si i'ay entrepris plus que ie n'ay peu, au moins me suis-je efforcé de faire ce que ie doy: Au pis aller, tout ce qu'on me pourra reprocher, ce sera de dire que i'ay plus de courage que de force ; mais i'ayme mieux estre appellé presomptueux que stupide, & temeraire qu'insensible ; car l'vn est argument

de bestise, ou d'ingratitude; & l'autre
est tesmoignage d'vne ardente affection
en laquelle ie veux viure le reste de mes
iours, s'il vous plaist,

MONSEIGNEVR,

Soubs la qualité de

Vostre tres-humble & obeïssant
seruiteur,

LE P. BOVCHER.

ORAISON FVNEBRE

SVR LE TRESPAS DE MADAME M. CHARLOTTE DV GVE', en son viuant Espouse de Monseigneur M. Messire NICOLAS DE VERDVN Cheualier, Conseiller du Roy en ses Conseils d'Estat & Priué, Premier President au Parlement de Paris, & Chancelier de Monseigneur M. FRERE Vnique de sa MAIESTE'.

BELLE & subtile fut jadis la pésée du Philosophe Auàndache, qui luy fit dire que l'Ame estoit vne beauté celeste, composée d'Amour & de Victoire: voulát enseigner par ceste parole que l'ame recognoissant estre creée par Amour, se sent doucement embrazée d'vn desir amoureux de retourner entre

A iiij

les bras de son Pere Eternel, seul principe & autheur de son estre.

Mais voyant que ses ennemis enuieux de son bien, & jaloux de sa gloire, trauersent ses desseins, s'opposans à l'accomplissement de ses desirs, toute pleine de courage que l'Amour inspire dans son cœur, elle prend les armes de la raison à la main, par la force desquelles elle combat vaillamment ses ennemis, desquels à la fin elle demeure vaingueresse; d'où ce Philosophe a pris sujet de dire, qu'elle est côposée d'Amour & de Victoire; puis qu'elle ne peut subsister en la perfection de son estre, que par la victoire que l'Amour luy fait emporter sur ses aduersaires.

Or le combat & la victoire s'accomplissent bien icy bas, mais le triomphe glorieux deu à ceste victorieuse, ne se donne que là hault dedans le Ciel, d'autant que la terre n'a pas des palmes assez haultes, ny des lauriers assez beaux, pour luy estoffer des courónes veritables dignes de l'honneur qu'elle a merité en la deffaicte de si fiers ennemis. Car il est certain que le vray honneur ne loge pas en ce monde bas & vil, bien que la pluspart des mortels s'imaginent le contraire: mais ils se trompent lourdement, d'autant qu'ils ne l'ont que par opinion, & non en verité.

Les Anciens nous ont voulu jadis enseigner ce secret sous vne docte fable, en laquelle ils declarent que l'Hóneur est tousiours glorieusemét regnant prés le throsne du grand Iupiter, où il esclatte & reluit cóme vn soleil: portát sur sa teste vne couróne tissuë de palmes, de lauriers, & de myrthes, enuiróné de vertus, de sciéces & de victoires qui le cherissent & reuerent comme leur Prince & Seigneur.

Or arriua vn iour que l'Opinion

fille du Chaos & de la Nuict, Deesse des passions humaines, & Intendante generale de toutes les actions des mortels, voulut faire le voyage du Ciel, pour voir & sçauoir ce qu'on y faisoit: L'Honneur ayant appris l'arriuée de ceste Dame la voulut voir, & la trouuant fatiguée & endormie pour les trauaux d'vn si long chemin, se coucha aupres d'elle: & finalement la laissa grosse & enceinte d'vn fils, duquel la mere accouchant à son retour du Ciel le nomma du nom de son pere.

Ce petit compagnon deuenu grandelet en peu de temps, sçachant qu'il estoit yssu d'vn tel Pere, sans considerer la bassesse de sa mere, deuient glorieux, & se voulant faire voir magnanime, entrepréd courageusemét de grandes choses & tres-difficiles.

C'est pourquoy il entre hardiment dans les Palais des Roys, & dans les maisons des Princes, il se cache sous le pourpre esclattant des graues Senateurs & Iuges Souuerains : il se plante sur le siege des Prelats, & dans les chaires des faconds Orateurs : Il marche la teste leuée dans les champs de bataille, sur les murailles des villes assiegées : & se trouue bien souuent sur le pré entre deux Champions furieux pour les animer à vn duel inhumain & barbare.

Finalement ce superbe se glisse quelquefois sous le nom de vertu (comme vn petit serpent sous des fleurs) parmy ceux qui retirez du monde font semblant en apparence de crier bien fort contre luy, & neantmoins en leurs cœurs ils n'aiment & ne cherissent rien tant que luy : puisque pour son amour ils se tourmentent & trauaillent iour & nuict endurans faim & soif, froid & chaud, & changeans leur satin & veloux auec des haillons deschirez pour emprunter de luy quelque chetif rayō de son lustre. Bref ce petit glorieux se fait adorer sous les diademes, mytres, barrettes, cornettes, casques, & bonnets de toutes couleurs, trainant apres luy & captiuant sous ses loix la plus grande partie des esprits de ce siecle, qui tous sont bien abusez: car ils croyent courir apres le vray, stable & legitime Honneur, & les pauures aueuglez qu'ils sont, ne poursuyuent qu'vn honeur bastard, vain & friuole. Honneur, qui n'ayant aucune consistance que dans l'opinion des hommes, se fait voir autant dissemblable & different à soy mesme, qu'il y a de regions, de coustumes, d'humeurs, & de personnes dans le monde: car ce qui est estimé honneur en vn païs, est reputé contemptible en l'autre: & ce que les vns attribuent à la gloire, les autres le donnent au mespris: d'où il s'ensuit que l'honneur de ce monde n'eſt pas le vray & parfaict honneur, puis qu'il depend des opinions des hommes, leſquels ſe forgent & ſe forment des honneurs diuers ſelon leurs diuerſes fantaiſies.

Toutesfois les appas deceuans & trompeurs de ceſt honneur mondain ſont ſi doux, ſes douceurs ſi plaiſantes, ſes plaiſirs ſi charmans, & ſes charmes ſi puiſſans, qu'il y a peu d'eſprits bienfaits & bien nais qui n'ayent ſenty aucunefois quelque atteinte de ſon eſguillon, la picqueure duquel les faict paſſionnément courir apres ce Trompeur, iuſques à ce que la Grace diuine les ayant deſtrompez, & deſſillé les yeux, leur ayt faict recognoiſtre que le vray honneur (l'amour duquel fait ſouſpirer les belles & ſainctes ames) n'eſt pas en terre, mais au ciel.

CHARLOTTE DV GVÉ (la vie & la

mort, les vertus & les graces de laquelle seruiront de sujet & de matiere à ce discours funebre) au printemps de son aage, & durant la ieune verdeur de ses ans, fuyuant le grand chemin royal des ames courageuses, a suiuy ceste piste & embrassé ce party, iusques à tant que la force de la raison, secondée d'vne celeste Lumiere luy a faict cognoistre la grande difference qui est entre les honneurs de ce monde perissables & vains, & entre ceux du ciel qui sont immortels.

Car deslors que son esprit fut parfaictement esclairé de ceste diuine cognoissance: elle ne se voulut plus seruir des honneurs de ce monde qu'en qualité d'eschelons, de degrez, & de moyens, pour paruenir aux honneurs eternels, qu'elle sçauoit luy auoir esté acquis par le merite infiny du sang precieux du Sauueur du monde, de la possession desquels elle s'est renduë capable par l'exercice des vertus, dont elle s'est courageusement seruie pour surmonter & vaincre les ennemis de son salut.

Puis donc que cefte Dame n'a quitté la terre que pour se retirer dans le Ciel, & n'a perdu par la mort, les honneurs mondains (ausquels la nature, la fortune, & ses merites l'auoient esleuée) que pour trouuer le chemin de la gloire immortelle: cessons de pleurer son trespas, de peur qu'en la continuation de nostre dueil nous ne nous facions plustost voir enuieux de son bien, que sensibles à nostre mal: mais au lieu de couurir nos yeux des tenebres de tristesse pour sa mort, ouurons les pour voir les splendeurs de la gloire celeste & honneur immortel, auquel elle s'est acheminée au partir de ce monde.

Mais ce n'est pas assez de vous raconter le bien & honneur qui l'attend dans le Ciel, si ie ne vous declare les moyens qu'elle a practiquez pour y paruenir, afin qu'à son exemple nous esleuions nos vœux & desirs à la mesme gloire & honneur que nous croyons qu'elle possede maintenant, ou pour le moins qu'elle est en estat de posseder quelque iour.

Le vertueux & vaillant Capitaine Marcellus fit jadis dessein de bastir dedans Romme vn Temple magnifique à la Vertu & à l'Honneur, afin de les faire adorer vnanimement par le peuple: Mais le Senat n'approuua pas ceste deuotion, disant que ces deux Diuinitez estoiét trop grandes, & auoient chacune trop de suitte & de train, pour loger en mesme lieu: & partant qu'il estoit besoin de donner vn Temple à chacune: mais à condition que personne n'entreroit dans le Temple de l'Honneur, s'il
n'auoit

n'auoit passé premierement par le Temple de Vertu.

Toutesfois les entrées de ces deux Temples estoient bien differentes; car l'entrée de celuy de la Vertu estoit estroitte, espineuse & penible: mais celle de l'Honneur estoit grande, haute, large, tapissée & fleurie, à laquelle on estoit côduit sur vn char de triomphe, auec aplaudissement & loüange d'vn chacun.

Plusieurs grandes & belles choses se pourroient dire sur ce sujet que ie tais maintenant, pour vous dire que CHARLOTTE DV GVE´, apres auoir passé & long temps seiourné dans le Temple de Vertu, a faict son entrée depuis quelques iours dans le Temple de l'Honneur eternel (seul & digne recompense des ames vertueuses) estant esleuée sur le char d'immortalité, tiré par six cheuaux blancs & forts, qui sont six perfections des-

B

quelles sa vie & ses actions ont esté honorées : La premiere, c'est vne Beauté, grace & douceur naturelle : La seconde, Fidelité & amour conjugal : La troisiesme, Prudence en la conduite de ses affaires domestiques : La quatriesme, Patience en ses afflictions & maladies qui l'ont accablée sur le declin de sa vie : La cinquiesme, Charité vers les povres : Et la sixiesme, Deuotion & pieté enuers Dieu. La premiere & seconde sont perfections naturelles ; la troisiesme & quatriesme sont morales : & les deux dernieres sont toutes celestes & diuines.

La premiere perfection qui a fait reluire particulierement ceste Dame durant le cours de sa vie, a esté la Beauté corporelle, de laquelle la Nature l'auoit si auantageusement partagée entre toutes les Dames de son temps, que quand elle l'eut veuë si agreable & si belle, elle douta si elle l'auoit faicte, tant elle fut eſtonnée de voir vn ouurage ſi parfaict & ſi beau.

Les Philoſophes diſent que l'ouurage de Nature eſt vn ouurage d'intelligence, pour monſtrer que la nature n'opere pas aueuglémét, & qu'elle ne fait rien au hazard, mais auec deſſein & que par raiſon elle diſtribuë ſes dons & threſors, communément à ceux qui ſe doiuent rendre capables & dignes de les poſſeder.

Or entre les riches dons de nature celuy de beauté eſt l'vn des plus precieux : c'eſt pourquoy Platon le va nommant à haulte voix vn priuilege ſpecial de nature : Et Ariſtote ſon Diſciple vne lettre de recommendation du Ciel. Sainct Denys l'Apoſtre François, encheriſſant ſur les loüanges de la beauté, l'appelle vn rayon de la Diuinité, & vne ſplendeur procedente de la face de Dieu.

La beauté (dit Plató) n'eſt pas digne

B ij

de loüange seulement, parce qu'elle est delectable à nos yeux, & desirable à nos cœurs; mais encore d'autant qu'elle est Mere naturelle de toutes les affections de nos ames; car on n'aime rien s'il n'est beau, & la Vertu mesme n'est aimable, sinon en tant qu'elle est belle. Nous vsons de toutes les autres choses seulement pour nostre necessité, n'y attachant nos affections que pour le besoin que nous en auōs; mais l'amour de beauté est si naturellemēt cōioint à nostre ame, que sa force nous presse si fort, qu'elle ne nous donne pas temps de deliberer ou de prendre cōseil s'il faut aimer la beauté ou non. Nous consacrons toutes choses à nostre seruice; mais nous nous dedions nous mesmes au seruice de la beauté : nous portons enuie à ceux qui nous surpassent en science, en biens, & en honneurs, si d'auanture ils ne nous obligent à les aimer par bien faits particuliers; mais si tost que nous voyons vne parfaicte beauté nous courons à son amour, aimans mieux luy obeïr que de commander aux autres, estimans qu'elle nous oblige plus en nous commandant que les autres en nous obeïssant.

La beauté corporelle est vn thresor si precieux que l'escriture saincte mesme la recómande en plusieurs grands personnages de l'vn & de l'autre sexe; mais plus cómunément elle va loüant les vertueuses Dames pour leur excellente beauté comme Sara, Rebecca, Rachel, Iudith, Esther, & plusieurs autres.

Or la raison pour laquelle la beauté corporelle est plus estimée dás la femme que dans l'homme, est tirée de la Philosophie de Platon, lequel proposant Dieu cóme vne viue source de beauté, dit que de ceste source coulét deux ruisseaux, dont l'vn va enrichis-

B iij

sant les Esprits & les Ames, & l'autre embellissant les corps issus de la Matiere.

Or les femmes tenant plus de la Matiere que les hommes, reçoiuent en leurs corps les faueurs de ce ruisseau destiné pour l'embellissement des choses materielles: & les hommes qui naturellement tiennent plus de l'Esprit que de la Matiere, reçoiuent leur beauté de l'autre ruisseau qui est destiné pour l'ornemét des Ames: d'où s'ensuit la grande difference qui se trouue entre la beauté de l'homme & celle de la femme, car la beauté de l'homme (dit l'eloquent Ciceron) gist en la force de son esprit, en la solidité de son iugement, & en la splendeur de ses belles & honorables actions: mais la beauté de la femme consiste en la douceur, & proportion des traicts de son visage animez d'vne viue couleur.

Surquoy il faut noter, que dans toutes les Escritures, tant sainctes que prophanes, la vertu de l'ame, la force du corps, & viuacité d'esprit, ont tousiours esté appellées du nom de vraye & parfaicte beauté: C'est pourquoy Virgile & Homere appellent Enée, Lause, Pallas, Agamemnon, Hector, Achille, Vlysse, Telemache, Hercule, Sarpedon, & Patrocle, beaux, nó pour les traicts de leurs visages; mais à raisó de la generosité de leurs courages, vertus de leurs ames, & viuacité de leurs esprits: pour monstrer que la beauté de l'homme consiste en la vertu & force de son esprit, tout ainsi que la force de la femme gist en la beauté de son corps: ce qui donna iadis sujet à Plaute d'apeller Polmice belle, femme tres-forte.

Ciceron en ses Partitions, prend la Vertu pour splendeur de beauté: Et le Prophete Esaye ch. 3. menace que

B iiij

les plus beaux d'Iſraël, c'eſt à dire les plus vertueux & forts, periront en la guerre.

Dauid au Pſeau. 92. pour monſtrer que Dieu eſt fort, dit qu'il eſt reueſtu de beauté: & au Pſ. 77. il dit que Dieu courroucé, a mis entre les mains ennemies toute la beauté d'Iſraël, c'eſt à dire les plus vertueux & plus forts.

De plus, Ezechiel au 32. ch. donne le tiltre de beau au bon-heur, à la gloire, & à la proſperité de ce monde: D'où nous auons pris couſtume d'apeller belles toutes les choſes qui nous ſemblent magnifiques, loüables, excellentes & grandes, diſans: Voila vne belle hiſtoire, beau diſcours, belle raiſon, belle penſée, beau baſtiment, belle ville, belle compagnie, bel animal, belle terre, bel arbre. Il n'eſt pas iuſques à la mort que Virgile n'apelle belle, au 4. de ſes Georgiq. quand on meurt auec honneur, & pour vne iuste cause, & auec resolution.

Or comme toutes choses qui sont accompagnées de quelque excellence, force ou vertu sont apellées belles: aussi celles qui sont imparfaictes, defectueuses, & faites en desordre, sont nommées laides & diformes: C'est pourquoy le vice est apellé laid, & l'ame vitieuse diforme & noire comme le charbon esteint.

Iustin liure 7. dit que Darius Roy des Perses ayant esté honteusement chassé de Scythie par sa lascheté de courage & negligence qu'il auoit euë en ses affaires: pour ne paroistre (dit l'Historien) laid & diforme en tous lieux, il fit resolution d'assaillir & de subiuguer les peuples Thraciens.

Voila en quoy consiste la beauté des hommes, lesquels sont vrayement beaux quand ils se rendent recommandables par la vertu qu'ils aquerent auec peines & fatigues. En quoy ils ont vn grand auátage sur les femmes; car la beauté de la femme ne se peut aquerir (si d'auanture elle ne veut participer à celle de l'hóme) d'autát que c'est vn don de nature, & non pas vn aquest de vertu: mais celle de l'hóme veut estre cóquise par les effects de l'esprit: aussi celle de la femme va tousiours diminuant, & celle de l'homme tousiours croissant: la beauté de l'homme est enracinée dás l'esprit, & celle de la femme plantee sur la face: la beauté masculine n'a besoin d'aucun artifice pour esclatter, mais la feminine veut estre cultiuée par l'art, & accompagnée de mille ornemens pour reluire: Finalement, la beauté de l'homme gist en l'operation de l'esprit, & en vn excellent exercice de vertus, desquelles la practique n'est propre, ny possible, ny conuenable à la femme: mais celle de la femme consiste simplement en ie ne sçay quels petits traits de visage radoucis & animez d'vne naïue couleur doucement attirante.

Or ceste beauté feminine pour estre parfaicte veut auoir deux compagnes; c'est à sçauoir, la douceur & la grace.

La douceur est vne qualité si aimable, que les Grecs appelloient jadis Mellichie (qui est le Dieu de douceur) le Roy des Dieux, voulant enseigner par là qu'vne ame douce est la royne des ames.

Ceste qualité doucereuse est si diuine, que Dieu mesme veut qu'elle reluise particulierement en luy, en toutes ses actions, & en tout ce qui luy appartient, selon les tesmoignages exprés de l'Escriture saincte, laquelle en diuers lieux nomme Dieu, doux & droict; son esprit doucereux, la disposition de ses actions douce

& suaue, ses paroles douces, ses dons & presens confits en douces benedictions, ses festins & banquets preparez en douceur, ses fruicts doux & suaues, & sa maison abondante en douceurs.

La mesme Escriture voulant loüer les creatures, ne leur donne autre tiltre glorieux que celuy de douceurs, appellant la lumiere douce, le Ciel doux, l'air doucereux, les montagnes distilantes la douceur: Elle celebre le figuier, portant la douceur dans son fruict, le lyon mort de Sanson ayant le miel dans la teste, & l'abeille la nommant origine des douceurs. Finalement elle fait porter ce nom de douceur aux eaux, aux viades, au pain, au vin, au sommeil, à la musique, à la harpe & au luth, aux paroles & conseils des amis, pour monstrer que la douceur est le plus riche & precieux ornement des creatures, puisque le

Createur mesme en fait tant d'estat, qu'il veut que toutes ses œuures en soient signées & scellées.

Le second ornement requis à la beauté, c'est la grace, sans laquelle la beauté est, si non morte, au moins languissante : C'est pourquoy Appellés voyant vn iour vne image remplie de beaux traicts, & animee de viues couleurs; mais toutefois defectueuse en l'air de la grace, s'escria disant : ô la belle image ! ô la rare beauté ! si ce ie ne sçay quoy qu'on appelle Grace ne luy manquoit point. Mais quiconque a veu autrefois les beaux traicts & les doux attraicts de nostre CHARLOTTE ne dira iamais que la grace ayt desaccompagné sa beauté : car pour le dire en vn mot, elle estoit si belle, si gracieuse, & si douce, que la langue pour eloquente qu'elle soit, ny le pinceau pour delicat qui se puisse rencontrer pour la figurer & peindre, n'y sçauroient iamais faire qu'vn portraict imparfaict: elle estoit (dis-je) si agreable, qu'on ne la pouuoit voir sans l'aimer, ny l'aimer qu'auec respect & honneur, tant la vertu accompagnoit sa grace & beauté. Beauté (dis-je) animee d'vne extreme douceur, par laquelle elle se rendoit affable & familiere à toutes personnes, grandes, mediocres & petites, sans toutefois desroger à la bienseance requise à sa qualité: Car librement elle escoutoit ceux qui imploroient sa faueur, & s'efforçoit de les soulager en leurs necessitez & affaires. Estát à Thoulouze, elle obligea tellement toutes les Dames du Languedoc, & particulieremét celles de la Ville, tant par la douceur de sa conuersation, que par l'honnesteté des presens qu'elle leur faisoit de quelques raretez & gentillesses proprés aux Dames, qu'elle faisoit venir exprés de Paris, que toutes ces Dames l'aimoient & l'honoroiét auec tant d'ardeur qu'elles ne trouuoient aucun temps bien employé, sinon celuy qu'elles passoient auec elle: car elles croyoient qu'estre en sa compagnie c'estoit viure en la compagnie des Graces.

Or pour accomplir & combler les perfections naturelles de ceste Dame, Dieu auoit conioinct en elle les biens de fortune auec les dons & thresors de nature; car elle estoit issuë de tres-honorables & riches parens, estant fille de Messire IEAN DV GVE' Conseiller du Roy, & Thresorier General de France en la Generalité de Paris, Seigneur de Champs sur Marne, de la Fortelle, & autres terres, lequel espousa Damoiselle Anne le Clert, de laquelle il eut quatre filles, Anne, Catherine, Charlotte, & Marguerite, à chascune desquelles il laissa cent cinquante mille liures en mariage. Anne fut mariee auec le sieur de Ligny, seigneur de Rantilly & Grogneux, Conseiller & Thresorier des parties casuelles. Catherine espousa le seigneur Duually de l'illustre maison de Halluyn en Picardie: Charlotte fut conioincte par mariage auec Monseigneur Messire Nicolas de Verdun Cheualier, premier President au Parlement de Paris, Conseiller du Roy en ses Conseils d'Estat & Priué, & Chancelier de Monseigneur le Duc d'Anjou Frere vnique du Roy Louys treziesme: & Marguerite finalement fut espouse du sieur Baron de Montenay, de l'vne des meilleures & plus anciennes maisons de Normandie.

Il est vray que M. CHARLOTTE, pour sa rare beauté, fut mariée à l'aage de quatorze ans à mondit Seigneur le premier President, sept ans deuant sa sœur Catherine plus aagee qu'elle: Elle fut recherchée de plusieurs

sieurs persónes de merite & de qualité qui l'aymoiét auec passió: il n'estoit pas raisonnable que ce soleil de beauté bruslast dès feux de son amour autre subjet qu'vn Phœnix en vertu, c'est à sçauoir mondit Seigneur son espoux, lequel deux ans apres l'auoir espou-sée: c'est à sçauoir l'an 1588. fut pour-ueu de l'office de premier President aux Requestes. Et voila la premiere perfectió qui traine le char de triom-phe sur lequel nostre CHARLOTTE est conduite au temple de l'Honneur immortel.

Le second, c'est l'amour coniugal, duquel le cœur de ceste Dame a esté perpetuellement embrasé pour son cher Espoux, qui estoit le phare de ses yeux, la flamme de son ame, le flambeau de sa vie, la douceur de son cœur, & la gloire de ses iours.

Aristote estant vn iour enquis par vn ieune esuenté pourquoy estoit

C

faicte la beauté, ne rendit point de responce, & estant interrogé pourquoy il n'auoit satisfait à la question de ce curieux, il dist, que folle question ne meritoit point de responce, car tout le monde sçait bien naturellement (dit-il) que la beauté n'est faicte que pour estre aymée. Mais si quelqu'vn me demandoit maintenant, pourquoy est-ce que Dieu auoit fait naistre M. CHARLOTTE DV GVE' si agreable & si belle? Ie respondrois incontinent, qu'il l'auoit fait naistre telle, pour estre l'object & sujet de l'amour cóiugal de ce grand de VERDVN: mais s'il l'aimoit vniquement, il estoit reciproquement aimé d'elle; car leur amour estoit parfaict, mais l'amour n'est point parfaict s'il n'est mutuel; car l'amour est vn feu, & tout ainsi que le feu naist de la collision de deux pierres, ainsi l'amour procede de l'entrechoquément & rencôtre de deux cœurs. Elle l'aimoit donc parfaictement, se voyant si cherement & tendrement aimée de luy; ce qu'elle a tesmoigné euidemment en toutes ses actions, & principalement du temps de ces tempestes orageuses qui troublerent le doux air & le bel Horizon de la France en l'an 1588. & 1589. car alors mondit Seigneur estant contraint de se retirer à Tours pour y seruir fidelement le Roy, elle quitta volontairement la douce compagnie & chere presence de sa mere, ses sœurs, parens & amis pour suyure modit Seigneur son mary auec vn amour incroyable, qu'elle tesmoigna encore plus quelque temps apres, quand le Roy Henry quatriesme eut honoré mondit Seigneur de la charge & dignité de premier President au Parlement de Tholoze; car bien que le sentiment naturel picquast alors son cœur de regret de quitter ses chers parens, & patrie bien-aimée, neantmoins la force de son amour coniugal adoucit tellement toutes ses amertumes, qu'elle s'y achemina auec vn visage gay, des yeux rians, & vn cœur tres-content.

De Tholoze elle fit trois voyages à Paris, pour affaires tres-importantes à Monseigneur son Espoux, qu'elle cōduit auec tant de soin, d'affection & de courage, qu'elle les termina à son contentement: Et bien que le chemin fust long, aspre & fascheux pour vn corps si delicat que le sien: neantmoins Amour qui seul (dit S. Augustin) ignore l'amertume, mesprise la fatigue, & se moque du nom de difficulté, conuertissoit en plaisirs & douceurs toutes les peines & incommoditez qu'elle y enduroit.

Ie ne diray rien d'auantage de la force & integrité de cet amour conugal, sçachant bien qu'il n'y a matiere au monde plus difficile à traicter que celle de l'amour, car il est impossible à ceux qui ne l'ont point esprouué d'en parler, & tres-difficile à ceux nesme qui l'ont experimenté d'en discourir, parce que l'amour est aueugle, dans la nature duquel ceux qui en sont proches n'y peuuent rien cognoistre, non plus que ceux qui en ont esloignez, car celuy qui est aueugle aupres du Roy ne le voit non plus que celuy qui en est esloigné de cent lieuës.

Seulemét ie diray que la plus grande loüange que l'on puisse donner à des personnes mariez, c'est de dire qu'ils s'aiment ardemment d'vn amour reciproque: & plus cest amour est extresme, & plus il est estimable, ainsi qu'a remarqué Tertulien au liure de l'ornement des Dames, disant: Que par vn vice de nature tous les hommes ont vne inclination naturelle d'aimer & de plaire aux femmes, mais cet amour & complaifance qui eft vn vice naturel à ceux qui ne font point attachez au ioug coniugal eft vne perfectió finguliere & tres-recommandable aux perfonnes mariez: c'eft pourquoy l'Efcriture fainète dit que l'efprit de Dieu fe plaift en trois chofes particulierement, en l'vnion des freres, en la concorde des voifins, & au fidele amour du mary & de la femme: d'où ie conclud auec raifon, que Dieu fe plaifoit en ce mariage de Monfeigneur de Verdvn, & de Madame Charlotte fon efpoufe, puis qu'ils eftoient tous deux efgalement embrafez d'vn fainct amour coniugal, qui eft la feconde perfection laquelle tire le Char de fon triomphe au feiour de l'Honneur immortel.

La Prudence a efté la troifiefme qui

a aidé à immortaliser la memoire de ceste Dame, Prudence (dis-je) qui est l'Ame des vertus moralles, comme la charité est la vie des vertus diuines, car rien ne se trouue en ce móde de si rare qu'vn esprit discret, accort & prudent.

Nous en trouuons plusieurs doctes en Philosophie, aux Mathematiques, & aux autres sciences naturelles; car la Philosophie gist en la contemplation des choses naturelles & diuines, de laquelle grand nombre d'esprits sont capables. Les Mathematiques consistent en la demonstration des choses sensibles & palpables, à la practique desquelles plusieurs se portent par vne belle curiosité, de sorte qu'on peut rencontrer parmy les humains plusieurs Philosophes & Mathematiciens, mais peu de prudents : & moins encore parmy les femmes, que parmy les hommes. Ce que recognoissant le sage Salomon aux

Prouerbes 31. a pris sujet de chercher vne femme prudente dans le monde, comme vne chose qui luy sébloit tres difficile à trouuer, car le terme Hebreux posé par Salomon en ce lieu qui est *chail*, signifie vne femme guerriere & prudente, voulant dire par là, que comme il y a peu de femmes capables de conduire des armées, il y en a encore aussi peu de prudentes en la códuite de leurs actions. Les femmes ont assez de courage, mais peu de force, aussi toutes (au moins la plus grand part) ont assez d'esprit, mais peu possedent la prudence, qui est vne vertu donnée partie par la nature, partie acquise par exercice ; vertu autant necessaire à l'homme que le soleil au monde, puis que c'est la reigle, la mesure, & la droicte ligne, au niueau de laquelle toutes nos actions sont dressées : vertu neantmoins qui rarement se trouue dans la pluſpart des hommes, car les ieunes en ſont priuez faute d'experience, & grand nombre de vieillards qui ſont arriuez en l'aage decrepit, à cauſe de l'indiſpoſition de leur cerueau affoibli & gaſté par vne froideur intemperée, laquelle corrompt les puiſſances Eſtimatiue & Fantaſtique, qui ſont les fondemens principaux, & cauſes immediates des actions de prudence.

Or nous pouuons dire auec verité, que noſtre CHARLOTTE DV GVE a eſté vne des accortes & prudentes femmes de ſon ſiecle, car la prudence eſtoit eſcrite en toutes ſes actions, & ſa diſcretion peinte au vif en toutes ſes paroles, car par le moyen de ceſte vertu elle ſçauoit ſi bien accommoder ſa grandeur auec la petiteſſe de ceux qui eſtoient moindres qu'elle, que ſans auilir ſa qualité elle ſe rendoit compagne & familiere comme vne autre Plantina femme de Trajan auec les plus petites & humbles femmes qui la pouuoient aborder. Elle parloit à grands & petits auec tant de discretion, de modestie, & de douceur, qu'apres luy auoir presté l'oreille pour l'entendre, on estoit contraint de luy donner la lãgue pour la loüer, & le cœur pour l'aimer.

Ceste prudence qu'elle auoit tousiours pour guide, & la vertu pour aide, faisoit en elle que toutes ses actiós & paroles estoient reiglées au compas de la raison, laquelle luy fournissoit mille beaux moyens de se faire aimer des plus grands, respecter & seruir des moindres, honorer des mediocres, & admirer de tous.

La quatriesme perfection qui a singulierement esclatté dans cette Dame, ç'a esté la patience és afflictions de longues & cruelles maladies desquelles elle a esté presque continuellement trauaillée huict ans deuant que mourir.

En cette detresse elle n'a iamais perdu le courage, ny la resolution d'vser de toutes sortes de remedes conuenables pour la guerison de son mal: mais voyant que la force de sa maladie surmontoit la science des Medecins, & que la santé qu'elle cherchoit à coups de rammes fuyoit deuant elle à voiles desployées ; elle s'arma d'vne grande & forte patience, vnique & souuerain remede aux maux desesperez, disant plus souuent de cœur que de bouche auec le Serenissime Dauid: *Mon Dieu, vous estes ma patience en mon affliction presente, comme vous auez esté mon esperance dés ma tendre ieunesse*: Et puis auec le mesme Prophete elle disoit encor, *Et pourquoy est ce que mon Ame ne s'assubiectira aux volontez de mon Dieu qui veut que ie souffre, puisque ma patience vient de luy?*

Et ainsi comme vne ingenieuse abeille, elle alloit cóposant vn doux miel de Vertu, du Thym amer & sec de sa longue & ennuyeuse maladie, practiquant en cecy la doctrine de S. Gregoire de Nazianze, lequel en l'oraison Funebre de son pere, dit que l'homme qui souffre auec patience des longues maladies, presente à Dieu vn Holocauste raisonnable, à la difference des holocaustes anciens esquels on immoloit à Dieu des animaux irraisonnables : mais par la patience l'homme qui est raisonnable s'immole soy-mesme auec raison à son Dieu, s'offrant à luy pour endurer patiemment tant & tel qu'il luy plaira.

Et c'est pourquoy S. Clement Alexandrin en ses Tapisseries, appelle le corps du Chrestien patiemment endurant, vn Autel sur lequel il esgorge par le cousteau de la maladie, & sacrifie à son Dieu sur le feu de la douleur les delices du monde, plaisirs de la terre, & voluptez de la chair.

La cinquiesme vertu que ceste Dame a particulierement pratiquée, ç'a esté la Charité vers les pauures, tant Religieux, que prisonniers & enfermez, ausquels elle donnoit annuellement vne partie de ses biens. Huict ans deuant sa mort, elle auoit faict son Testament, dans lequel elle auoit laissé ausdits pauures la moitié de ses biens : ce qu'elle confirma quelques iours auant que mourir. Car ceste Dame charitable sçauoit tres bien que le meilleur employ qu'vn Chrestien puisse faire de ses biens, c'est de les mettre à la bancque de Dieu, la bource duquel c'est la main du pauure dans laquelle l'argent du Chrestien est plus seurement que dans les cabinets & les coffres.

C'est pourquoy sainct Gregoire de Nazianze monstrant que l'aumosne est la meilleure partie de l'oraison, dit que Dieu a donné des mains à l'homme pour mieux parler à luy, c'est à dire que Dieu entend volontiers la priere de celuy qui employe sa main à l'aumosne.

Sainct Iean Chrysostome adiouste à cecy, disant que les pauures sont les portiers du Ciel, d'autant que par le merite de l'aumosne que les riches font aux pauures, ils trouuent l'accez de Dieu & du Ciel plus facile; surquoy ie remarque vne chose tresnotable, c'est à sçauoir que ceste Dame qui par charité donnoit tous les ans vne partie de son bien pour les pauures, s'est trouuée à la fin de ses iours auoir augmenté le bien de sa maison de moitié. Ce qui m'estonneroit, si ie n'auois appris dans l'Escriture Saincte au 10. des Prouerbes selon la version des Septante, lesquels sur les paroles du Sage qui dit que la bouche du Iuste est vne veine de vie, ont tourné expressément la fonteine de vie est en la main du Iuste: où la vertu & proprieté de l'aumosne est clairement expliquée : car tout ainsi que nous voyons l'eau de la fonteine se multiplier & se rendre belle & claire tant plus elle est puisée, ainsi les eaux des richesses croissent & abondent es maisons à mesure qu'elles sont puisées par les pauures.

Platon en sa Republique veut qu'en chacune ville il y ait vne fonteine pour quatre raisons, c'est à sçauoir pour lauer, pour boire, pour esteindre le feu, & pour bastir. L'aumosne est vne vraye fonteine qui sert à tout cela : car premierement elle laue les macules de l'ame, ainsi que dit nostre Seigneur : Donnez l'aumosne & toutes choses vous sont nettes, Secondement elle contente Dieu qui est alteré de l'aumosne en ses membres, ainsi qu'il dict: I'ay eu soif & vous m'auez donné à boire. Tiercement l'aumosne esteint l'ardeur du peché, ainsi que l'eau le feu: comme dit le Prophete Esaye. Et finalement elle sert pour bastir l'edifice des vertus Chrestiennes: car tout ainsi qu'vn bastiment fait à pierre seiche n'a point de tenuë; ainsi l'edifice des vertus & deuotions ne peut subsister longuement s'il n'est cimenté par le moyen de ces œuures charitables.

Or toutes ces considerations ayant entré dans l'ame de ceste Dame, luy ont faict naistre vn desir tres-ardant d'exercer continuellement les œuures de charité vers les pauures, considerant que la charité, comme dit l'Apostre sainct Paul, est le vray lien de la perfection Chrestienne.

La sixiesme perfection qui a plus aidé à esleuer nostre CHARLOTTE à l'honà l'honneur immortel, ç'a esté la Pieté & deuotion singuliere qu'elle auoit enuers Dieu, par le moyen de laquelle toutes les facultez de son ame se portoient auec vne tendresse d'amour au seruice de son Createur.

Ceste vertu produict en l'ame trois effects admirables, dont le premier est vne cognoissance particuliere de la grandeur de Dieu, le second vn amour ardant en sa bonté Diuine, & le troisiesme vn doux repos en la possession de sa grace. De sorte que l'ame qui se plaist à lire, entendre, mediter ou parler de Dieu, qui prefere son amour à l'amour de toutes les creatures, & finalement qui s'estime plus contente & plus riche par la seule possession de sa grace, qu'elle ne feroit si elle possedoit tout le monde, ceste ame là se peut vrayement apeller pieuse & deuote.

Ou bien disons en vn mot que la

D

vraye pieté ne confifte pas, comme quelques petits efprits penfent, en la multiplication de plufieurs longues prieres faictes fans difcretion & raifon (car il faut felon le dire de l'Apoftre, que noftre feruice foit raifonnable) mais elle gift principalement & fondamentalemēt en la crainte de Dieu, ainfi que nous apprend l'Efcriture Saincte difant au Pfal. 110. que le commencement de la vraye Sapience c'eft la crainte de Dieu : que les Septante en ce lieu apellent Theofebie ϑεοσέβεια, c'eft à dire pieté vers Dieu : & que fainct Paul nomme en l'Epiftre 1. à Thim. ch. 4. vn precieux gain & grande richeffe de l'ame : tellement que Pieté n'eft autre chofe que Crainte de Dieu qui enrichit nos Ames.

Or cela eftant, nous pouuons dire affeurement que noftre CHARLOTTE portoit à iufte titre le nom de pieufe, puis qu'elle auoit toufiours vne grande crainte de Dieu deuant les yeux, crainte non Seruile qui empesche de malfaire pour apprehesion du chastiment, mais Filiale, qui faict suiure le bien & embrasser le seruice de Dieu pour l'amour de luy mesme.

Voila les six perfections naturelles, morales & diuines, qui ont esleué ceste Dame à vn honneur immortel: mais il faut adiouster & dire que le comble & couronnement de sa gloire & honneur qu'elle a eu en ce mode, c'estoit d'estre l'Espouse bien aymée de ce fameux & celebre personnage le grand DE VERDVN.

DE VERDVN l'honneur de ce siecle, la Gloire de nos iours, le sejour des vertus, l'exemple de Pieté, le patron de Sagesse, le palais des Sciences, le sejour d'Eloquence, & le singulier protecteur de Iustice.

DE VERDVN (dis-je) qui par sa Pieté declarant la guerre aux vices, &

D ij

se rendât ennemy des meschás, se fait voir vrayement amateur des vertus, & protecteur des vertueux, ialoux de l'honneur de Dieu, du seruice de son Prince, & du bien de l'Estat, restaurateur des bonnes mœurs, reparateur & bien-facteur des Eglises & Monasteres ruinez: & qui pour ses actions pleines de pieté a mieux merité dans la France le nom de Pieux, que jadis à Rome l'Empereur Antonin.

De Verdvn patron de Sagesse, par laquelle il conduit facilement ce qu'il entreprend à vne heureuse fin, qui nourrit la paix & le repos en luy, & auec vn chacun, qui appaise les discors, qui desnouë les difficultez, qui desembarrasse les affaires, & qui maintient toutes choses en bon ordre: qui procede meurement & qui agit sagement en toutes ses actions.

De Verdvn qui plein de douceur

se porte à bien faire à tous, à secourir les pauures, soulager les miserables, aimer ses amis, & pardonner à ses ennemis, ne pouuant rien oublier que les iniures, ny rien ignorer que les aigreurs des vengences.

De Verdvn torrent d'Eloquence, qui comme vn autre Hercule porte vne chaisne d'or dans sa bouche, auec laquelle il traisne apres luy les esprits de ceux qui l'escoutent, & qui n'a iamais saoulé ny degousté personne qui l'ait entendu discourir.

De Verdvn pere & protecteur de Iustice, diligent à examiner le droict des parties, prompt à rendre à vn chacun ce qu'il luy appartient, faisant reluire en luy les belles qualitez que l'Escriture saincte recommande pour la perfection d'vn grand Iuge, c'est à sçauoir, crainte de Dieu, grauité, courage inflexible, science, verité, patience & mespris des richesses.

Or tout cela estant ainsi, quel honneur estoit-ce à cette Dame de se voir l'Espouse cherie d'vn si grand personnage?

La femme de Phocion se sentoit si heureuse d'auoir ce vertueux Seigneur pour mary, qu'elle negligeoit toutes sortes d'ornemens & de richesses, desquelles naturellement les femmes sont amoureuses, disant, Phocion mõ mary est ma seule gloire, mon lustre, ma beauté, & mon vnique ornement: Car la seule qualité d'Espouse de Phocion me fait aimer & estimer deuant tout le monde.

Mais CHARLOTTE DV GVÉ auoit plus de raison d'vser de ces paroles que iadis cette autre Dame, se voyant aymée & honorée dans toute la France soubs la qualité d'Espouse de ce grand DE VERDVN.

Or pour conclusion de son Honneur, disons encor ce mot.

Alexandre le Grand voulant esleuer la gloire de son fauori Ephestion, appella vn iour tous les plus faconds Orateurs de la Grece pour chanter ses loüanges, L'vn le loüa de fidelité, l'autre de generosité de courage, l'autre de sagesse & prudence, & l'autre de courtoisie & bonté. Le dernier qui fut iugé auoir mieux rencontré, dist que la plus haulte loüange qu'on pouuoit donner à Ephestion c'estoit de l'appeller le fauori & bien aimé d'Alexandre, car ce tiltre presupposoit toutes sortes de vertus & perfections, d'autant que ce grand Prince auoit trop d'esprit pour aimer vn homme de peu de merite.

Vous autres beaux esprits, faconds Orateurs & Poëtes ingenieux, racontez, &chantez telles loüanges qu'il vous plaira à l'honeur de CHARLOTTE DVGVE, quant à moy ie me contenteray pour sa gloire d'en dire ce seul mot, au quel ie ne croy pas qu'on puisse rien adiouster.

CHARLOTTE DV GVÉ *a eu l'honneur d'estre la chere Espouse de ce grand* DE VERDVN, *tres-digne chef du premier & plus Auguste Senat de cét Vniuers.*

Mais ie m'abuse, disant, qu'on ne peut rien adiouster à cet honneur. car il y à plus, C'est que non seulement cette Dame durant sa vie a esté fidellement cherie en qualité d'Espouse, par ce grand Personnage, mais encor ardemment aimée de luy apres sa mort: Ces larmes qu'il a si abondamment versées depuis l'heure de son trespas iusques à maintenant, ces souspirs qu'il respand tous les iours, & cette tristesse qui afflige son esprit encor à present, tesmoignent assez clairement que son Amour est plus fort que la Mort, laquelle à bien eu la force de separer les corps, mais non pas de diuiſer les cœurs que l'Amour retient touſiours vnis malgré la rigueur de la Mort, car on diroit à le voir, qu'il n'a maintenant des yeux qu'afin de pleurer pour ſa mort, tout ainſi qu'il ſembloit n'auoir eu de cœur que pour l'aimer durant ſa vie.

Mais tout ainſi que le Soleil durant ſon Eclypſe n'eſt pas priué de lumiere en ſoy meſme, car elle demeure ſeulement cachée à nos yeux pour vn temps: Ainſi ce grand Eſprit voilé des obſcuritez de la triſteſſe ſur l'accident de cette mort, ne perdit pourtant point la lumiere de ſon beau iugement, & preuoyance ordinaire, qu'il fiſt reluire dans l'ordre merueilleux qu'il eſtabliſt, & commanda d'eſtre obſerué en la pompeuſe & magnifique ſepulture de cette chere Eſpouſe, en laquelle rien ne fut eſpargné, rien obmis, rien oublié: Il y auoit vne ſi grande quantité de draps de dueil en tous lieux, & si grand nombre de torches & flambeaux ardens de tous costez, que tout cela ensemble sembloit faire vne merueilleuse, mais pourtant triste nuict, composée des tenebres de la terre, & des estoilles du Ciel: Ou bien disons que ces clairs flambeaux brillans au milieu de ces draps noirs, estoient les feux de l'Amour qui estincelloient parmy les obscuritez de la Mort.

Mais il y auoit bien d'autres flambeaux plus esclattans & plus vifs que ceux-là; car tous les plus grands & celebres personnages de la France s'y trouuerent, puis que ce tres-Auguste & tres-Illustre Senat & Parlement de Paris, premier Senat de France & par consequent de l'Europe, y estoit en corps accompagné de Messieurs de la Chambre des Comptes, de la Court des Aydes, & du Presidial, lesquels pareillement y assisterent en corps auec toutes les autres plus celebres compagnies de la ville de Paris, le tout ſuiuy d'vne ſi grande quantité de Seigneurs & de Dames, qu'il ſembloit à voir que l'Egliſe & maiſon VV. Peres Dominicains reformez, du faux-bourgs de S. Honoré, où cette pompe funebre ce faiſoit, fuſt auſſi grande & ample que toute la France, puiſque elle contenoit alors par vn ordre merueilleux tout ce qu'il y a de plus excellent, noble & fameux dans tout le reſte de la France.

Et pour la perfection & couronnement de l'honneur de cette Dame: Monſeigneur ſon Eſpoux a faict eriger ſur ſa ſepulture vn Mauſolé & Tombeau tres-riche & tres-magnifique, qui rend fidele teſmoignage de ſon Amour qui vit encor apres la mort.

L'Eſcriture ſaincte dit qu'Abſalom fiſt iadis faire dans la valée de Ioſaphat vn Monument pour luy, qui paroist encor à present, lequel estoit si beau & si magnifique, qu'il fut appellé pour son excellence:) *La main d'Absalom*: Mais cestuy-cy estant beaucoup plus excellent que celuy-là merite vn nom plus illustre: car celuy-là fut fait par vanité, & cestuy-cy par Amour: C'est pourquoy si celuy-là fut nommé *La main & la gloire d'Absalom*: Ie demande & requiers que cestuy-cy soit appellé *Le Cœur & l'Amour de ce grand* DE VERDVN.

FIN.

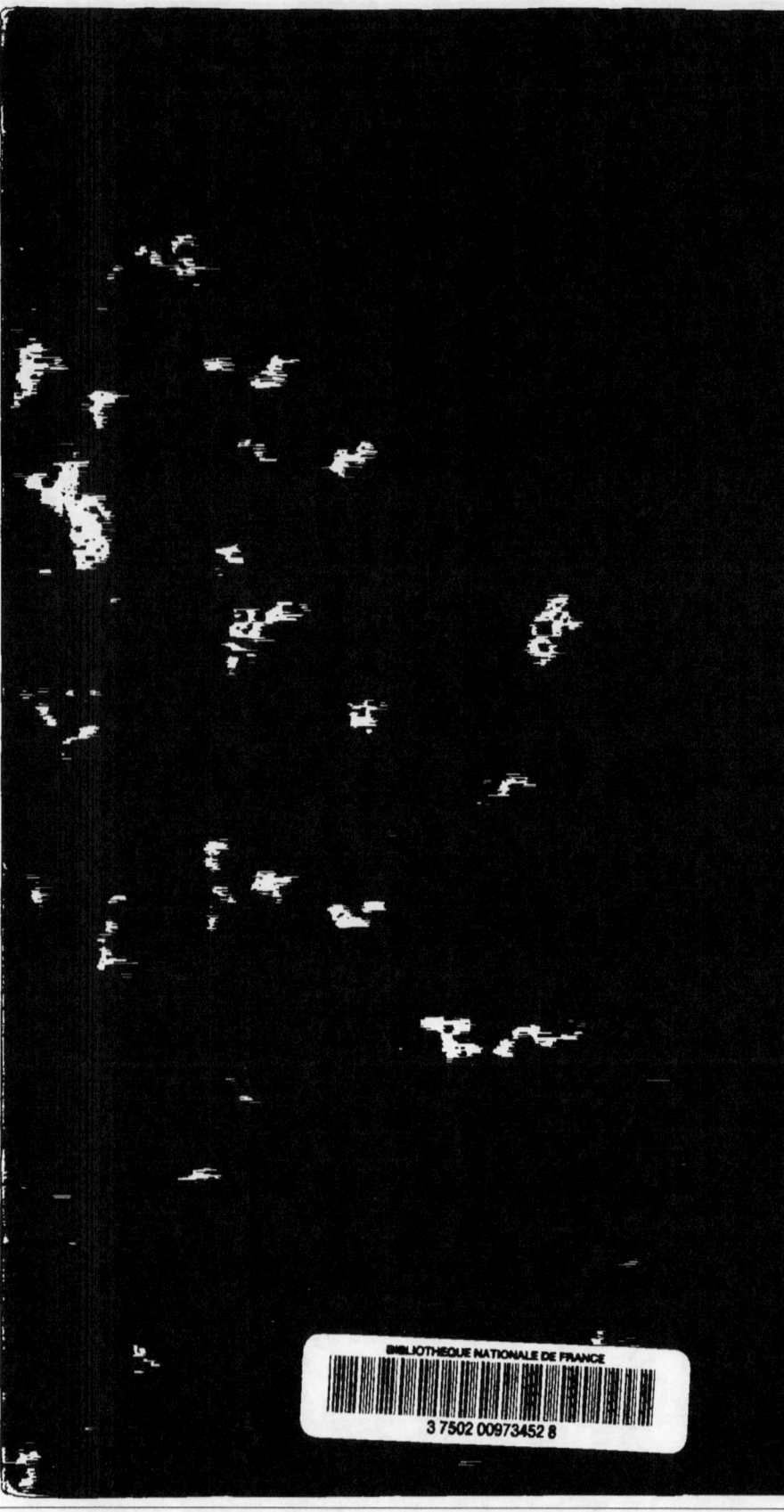

www.ingramcontent.com/pod-product-compliance
Lightning Source LLC
LaVergne TN
LVHW021728080426
835510LV00010B/1175